들꽃 마실

들꽃마실

김명숙 첫시집

프롤로그

이따금 불어오는 바람의 향기를 맡으며
코끝이 시큰거리고 눈이 따끔거리는 그때
시를 쓰고 싶어도 마음뿐이었습니다.

펜을 들고 시를 써보니 알겠더라고요.
한 단어, 한 문장을 이어 간다는 것이
이렇게도 어려운 일이라는 걸…

딸아이를 키워보니 알겠더라고요.
엄마라는 이름이 얼마만큼 크고 누구나 쉽게
엄마라는 이름을 가질 수 없다는 것을…

그러나 펜을 들고 쓰기 시작했습니다.
'인간의 마음은 낙하산과 같아서
펼쳐지지 않으면 쓸 수가 없다.'고 생각하며
마음을 열어 열정과 솔직하고 풍부한 정감을
불어 넣을 수 있는 걸 찾아보았습니다.

지금은 하늘나라에 계신
아버지와 엄마였습니다.
아버지는 저에게
'아버지의 비밀'이라는 단편소설을
쓸 수 있게 해주셨고
여러 편의 시를 지을 수 있는 소재도 되었습니다.

철없던 소녀 시절의
추억들을 기억하고 싶어
하나하나 들춰내어
시로 탄생하게 되었습니다.

2024년 여름
인천 만월산 아래에서
시인 김 명 숙

차 례

프롤로그/ 4
제1부 설레던 추억/ 13

슬픔 대신에 희망을/ 15
우산/ 16
엄마 구름/ 17
고무신에 묻은 똥/ 18
셋방살이/ 19
보릿고개/ 20
지하철(1)/ 21
천국을 향한 환송 길/ 22
새싹/ 23
숲속의 아침/ 24
사랑의 연주/ 25
설레던 추억/ 26

제2부 **아버지의 비밀**/ 29

몽돌 나들이/ 31
숨바꼭질/ 32
낙엽 지는 소리/ 34
콩깍지 타는 소리/ 35
가장 소중한 것/ 36
구피/ 37
옛날 과자/ 38
아버지의 비밀/ 39
흔들전망대/ 40
선유도의 봄/ 41
미나리와 오징어/ 42
내 딸/ 44

제3부 **마지막 인사**/ 47

하얀 요정/ 49
마지막 인사/ 50
산/ 52
빛바랜 앨범/ 54
이웃 선희네 집/ 56
은파호수공원/ 58
자유공원/ 60
지하철(2)/ 62
옥녀의 봄소식/ 63
우산/ 64
초여름 호수 정원/ 66
내 맘속/ 68

제4부 **남편의 약속**/ 71

내비게이션/ 73
명과 집/ 74
양지꽃/ 75
멸치국수/ 76
가시나물/ 77
벚꽃이 진 자리/ 78
가시버시/ 79
할미꽃 소풍/ 80
이별/ 82
남편의 약속/ 84
낯선 곳에서/ 86
출근길/88

제5부 **가족 풍경화**/ 91

한 맺힌 밥풀 하나/ 93
매화/ 94
비 내리는 날 수채화/ 95
오월의 아침/ 96
들꽃 마실/ 98
빨간 풍선/ 99
오월은/ 100
친구/ 102
가족 풍경화/ 104
선물로 받은 6월/ 105
사월이 오면/ 106
포도밭을 걸어 보자/ 108

제6부 **봄의 아침**/ 111

봄의 아침/ 113
유월이 저물 때쯤이면/ 114
입양_사랑이다/ 116
뻥튀기/ 118
진회색 빛/ 120
봇물과 반창고/ 122
목요일 오후/ 123
눈 오는 날 아침/ 124
소풍 같이 갈래/ 125

감사의 글/ 126

제1부 설레던 추억

슬픔 대신에 희망을
우산
엄마 구름
고무신에 묻은 똥
셋방살이
보릿고개
지하철(1)
천국을 향한 환송 길
새싹
숲속의 아침
사랑의 연주
설레던 추억

슬픔 대신 희망을

미선나무꽃 꽃말
"모든 슬픔은 사라진다"
옷고름에 얹고
깊은 수면 바이올린 선율 속으로

호주머니 속
동전 한 닢까지
내어 주는 사랑

시나리오 주인공
비극의 무대 막이 내리며
희망의 밧줄 타고 여행 떠난다.

우산

비 내리는 날
나의 손에 들려진 우산

방천 둑길 긴 다리 건너서면
언덕 위 빨간 건물
단발머리 예쁜 언니가 다니는 학교

오르락내리락 십여 리 길
빗방울과 함께 황톳길을 걸으면
왠지 기분이 좋아진다

반세기 지난 오늘
머리에 하얀 이슬이고
우산 위에서 자작자작
무지개 물방울 노래

언니에게 건네주고 싶은
희망의 그림 그려 본다.

엄마 구름

흑백 사진 속 얼굴
인자한 미소 뒤뜰에
근심 보따리 한가득 삼키고

보글보글 숲속은
힘든 세월 따라
은빛 샛길 줄줄이 자작나무 춤을 추며

거북 무늬
검붉은 밭고랑에는
5남매 살려낸 흔적 얼룩말 행진 소리

회색빛 바랜
아린 눈물 꾹꾹 담은
항아리에 엄마 구름 둥둥

고무신에 묻은 똥

삐그덕삐그덕
흔들리는 나무다리
무서움은 풍금 소리 시냇물에 묻혀 버리고

방천 둑길에 들어서면 지그재그 꼬불꼬불
뒤엉켜 달리다
주르르 미끄럼 타고
자운영
괭이밥
토끼풀 사이로 폴짝폴짝

미끄덩
나비를 놓쳤다
무엇일까
똥을 밟았다
고무신에 묻은 똥 들풀에 쓱쓱
머쓱해진 이마의 땀방울 쓱쓱

셋방살이

삼단 궤짝 소중히 맨 앞줄
요강 단지, 항아리, 잡동사니 동산 너머
광목 손질한 이불 더미 커다란 치마폭에 쌓여
살림살이 장군으로 버티고 있다

허리춤 꽁꽁 묶어 메고
구멍 송송 난 밀짚모자
리어카 끌고 가는 두꺼비 손
막내둥이 엄마 등에 잠들고
양손에 짐보따리 행진하는 일곱 가족

대나무집 사각사각 울타리
"멍멍 꼬끼오"
새 식구 맞아주는 소리
우르르 신발 끌며 달려와 이삿짐은 제자리에 휴식하고
주인집 어른 작대기 감나무 후들겨
마당에 모인 셋방살이 가족들 집들이한다.

보릿고개

멀건 밀가루죽 한 사발
누리끼리한 시래기에
동동 보리 알갱이 눈이 멈칫
달리기 손놀림
입안에서 오물오물

망태기에 재산 전부 숨겨둔
감자 씨앗 유혹
갈팡질팡 시린 가슴 달래며
들길 찾아 헤매던 땀이 벅벅
얼굴 씻으려다 발견한 돌미나리 마을

두근두근 치마폭에 담아
꿈벅꿈벅 눈망울들
배 채워줄
번개 같은 상차림에
꿀꺽 목이 삼킨다

지하철(1)

지하철 빈자리
신기록 달리기
'휴우'

타이타닉호 구명보트
한자리 내어 주고
감사

천국을 향한 환송 길

신부의 드레스로
치장한 침실

안개꽃 사이
신부 맞을 준비로 단장한
천사들이 분주하다

꽃목걸이 가슴 깃에 달고
천국 환송 길에 오른
신부의 모습
하얗다 못해 투명한
하늘빛 신부는
천국을 향해 솜털처럼 보인다
저 멀리…

2023.12.22 엄마 입관예배 후 영원한 안식 누리시길 기원드리며…

새싹

어디 어디야
모기 입술 내밀고
떡갈나무 손등

간질간질 봄바람
이마 손, 춤추다가
연둣빛 치마에 얼굴 가리고

기린 등 타고서
따뜻한 봄빛 사이로
왈츠하는 새싹 가족 나들이

숲속의 아침

풀벌레들의 합창
연노랑 요정
클라리넷 멜로디

주르르 주르르
똑딱똑딱
하얀 깃발 하늘 향해 한 바퀴
마술사 행진곡 지그재그

원을 그리다 한 송이 꽃
분홍 잎 발끝 춤추고
"요들레이 요들레이 히히"

사랑의 연주

볕발이 좋은 날

자궁 속 터널 뚫고 시린 눈 내리깔며 덜 익은 생명체
초록 이불 그네 뛰고 젖은 두 나래 퍼득이다 멈추다

야들야들한 살갗은 먹음직스러운 노을빛에 스며들고
사랑의 소나타 독주에서 합주곡으로 변주되는 멜로디
울타리 여주열매 타고서…

"쓰르르르 매앰"
"쓰르르 쓰르르 매~~앰 맴"

설레던 추억

봄 햇살이 차창으로
사춘기 소녀들 만나러 가는 길
콩닥콩닥 추억 속 여행

자주색 교복에 베레모
아카시아 빨간 벽돌
125계단 네 잎 클로버
사랑과 우정이 꿈꾸던 동산

서리맞은 검정 물감
점박이 하얀 분칠
동백꽃 빠알간 입술
반세기 여로 풍경화

푸르던 봄빛이
단풍 들어 낙엽이 되지 않으려
소녀들의 합창 소리

詩作노트/ 2024.03.09 여고 시절 친구들이 그리워 몇 년 전부터 일 년에 한두 번씩 만나는 날. 강화 근교에 사는 친구는 새벽 4시 반에 출발하여 인천 터미널에서 나와 만나 전주 친구들을 만나러 가는 고속버스 안에서 50여 년을 거슬러 오늘의 모습을 세상에 태어나 세 번째 시를 적어 본다.

제2부 아버지의 비밀

몽돌 나들이
숨바꼭질
낙엽 지는 소리
콩깍지 타는 소리
가장 소중한 것
구피
옛날 과자
아버지의 비밀
흔들전망대
선유도의 봄
미나리와 오징어
내 딸

몽돌 나들이

몽돌 휘파람 소리에
할아버지 몽돌 통통배 타고
할머니 몽돌 굴 따러 가세

몽돌 장구 소리에
아빠 몽돌 등짐 지고
엄마 몽돌 조개 캐러 가세

몽돌 피아노 소리에
언니 몽돌 노래 부르고
아기 몽돌 빙그르 춤추세

몽돌 파도에 휩쓸리는
소리 들으며
섬마을 운동회 풍악 울리고
괭이갈매기
"꽉꽉" 합창을 한다

숨바꼭질

까까머리 꾸러기들은
학년 팻말 바꾸어 달고
생뚱맞은 교복 갈아타기
텅빈 교실은
휴화산이 활화산 되어
키득키득 까르르르

오물락 조물락 머리 굴려
단짝 속이려다
파 놓은 진흙탕 지푸라기 속
두 발 묶이고 끙끙

모 메스
샘표 카라멜
쉬는 시간
옷 갈아입은 과자 진열대
만우절 가면 탈 쓰고 저울질

고향 맛 만우절을 입고 싶다

모 메스: 오 예스
샘표 카라멜: 땅콩 카라멜
쉬는 시간: 자유 시간 등
상술 이벤트 행사

낙엽 지는 소리

만수산 모퉁이 아침
창문을 열다
단풍잎 하나 동동

갓 씻은 햇살 뜨락
손수 지은 염색 옷
바람에 꿈을 꾸고

한 시절 푸르던 웃음
기러기 여행길
끝자락에서 파르르르

콩깍지 타는 소리

아침 댓바람부터
두 가마솥에
손놀림이 바쁘신 할머니
부지깽이 따라 밀물 썰물
할머니의 얼굴은
달 구름 붉은 노을 홍시가 되고

웅크린 부뚜막 구수한 숭늉
누런 바가지 배 띄우고
둥실둥실

끔벅끔벅 바라보던 송아지
타닥타닥 콩깍지 타는 소리에
애미 찾느라 갈팡질팡

투박한 여물통
오고 가는 할머니의 손길에
벌름벌름 흐뭇한 아침 밥상

가장 소중한 것

투명한 유리창 너머
잡힐 것 같은 수채화 그림 위에
가느다란 실핏줄이 생명 바람 불어
선물 받은 오늘

굵은 혈관들이 펌프질할 때
뻥 뚫린 고속철도
칸칸이 탑승한 여행자 친구 되어 종착역까지

알콩달콩 부드러운
침대에서
가로수길 넓은 정원 구경하다
작은 아이로 변신할 때처럼

긴 동굴 지나 막다른 골목에서
새로운 세상을 향해
힘껏 다이빙 몸짓
가장 소중한 삶인 것을…

구피

청둥오리 마을
야자수 세 그루
바닷속 풀숲에 숨어
꼬리치며 비행하다
곁눈질 짝 찾은 얼굴
물살에 입술 따라 껌벅껌벅

송사리발 물장구치다
쏜살같이 100미터 달리기
넝쿨 사이 소꿉친구
소나타 곡조에
비단 저고리 춤추고

곡예사 줄무늬 한껏
자랑질
구경꾼 아이들 이웃 마을로 마실 떠난다

옛날 과자

짐 자전거에 과자 동산
큰 봉지 나누어 작은 봉지에 담아
부채 김과자 할머니 구수한 손맛 풍기고
하얀 설탕 분칠한 부스러기
새끼손가락 끼워
입맛 다셔본다

실려 온 과자는
아버지의 짐 자전거 타고 어디로 여행 가는지
오실 때는 짐 자전거
빈자리에
마음이 추위를 탄다

성탄절에 들려온 옛날 과자는
산동네 아이들 산타할아버지 선물이었다고
추웠던 마음에
봄바람이 불어온다

아버지의 비밀

아버지의 짐 자전거에
여름 장마 파란 우산 지우산
골목에서 팔려나가고
보물 궤짝에 동전들이 차곡차곡

추석 한가위 빚은 송편
뚝방길 움막 할머니 집
어린 손자들 아침상에

서릿발 내리는 날
우산 장사에 남겨진
재산 짐 자전거에 가득 실은 내복
역 앞 찬바람에 떠는 이들에게 따뜻한 마음

어른이 되어서야 아버지의 비밀을…

흔들전망대

바람을 느껴 보세요

패러글라이딩 마라톤 경주
전망대의 망원경
매의 눈 아파트 삼켜버리고

갯골 꿈틀꿈틀
소나무 행렬 비집고
흑나비연 비행하다 떼구르르

미끄럼 나무판 다리 킥보드 씽씽
둥근 연못 몇 개 남은 밥알
흑연근 먹거리 바삭바삭

나무 사슴, 솟대들 기웃기웃
바둑판무늬 염전 매스게임 마치고
저녁 바람맞이 하다.

선유도의 봄

늘어진 벚꽃 따라
마음은 풍선을 달고
눈은 하늘 끝까지
닿으려 하네

봄이다! 봄이야~
움츠렸던 어깨를
쑥 내밀고
힘껏 달려보자

솟을 대로 솟은 마음을
차분히 가라앉혀
살포시 내려놓는다

그러니까, 봄이야
봄이니까, 봄이야

미나리와 오징어

어디서 왔니
바람 소리 종달새 노래 들리는 곳에서

너는
용궁 선녀 용왕님 잔치 열리는 곳

무얼 하고 놀았니
연둣빛 드레스 입고 춤을 추었지

나는
길고 짧은 다리로 요술 부리고

너를 만나 분가루 바르고
비비고 매만지고
빙글빙글 돌다 한 몸 되니

코끝을 스치는 구수한 향기
치마 사이로 보이는
부드러운 살갗에
퐁당 빠진 미나리와 오징어 궁합
손녀 입에서 오물오물

아!

내 딸

가영 예쁜 공주님
가장 예쁜 아림 공주님
카톡방 맨 처음 보이는
소중한 이름 선명한 얼굴
금방이라도 품 안으로 튀어 올 듯

저체중 2.3키로 엄마 젖 먹으려다
새빨간 얼굴 울음 터트리고
미숙아 1.6키로
엄마 얼굴도 못 본 체
인큐베이터에 생명줄 달고

거목처럼 든든한
믿음직스러운 버팀목 만나
새로운 둥지들 틀고
엄마 닮은 딸들을

손녀의 엄마
엄마의 엄마 할머니를
사랑한다고 눈웃음 보내며
웃음꽃 활짝 핀 소중한 꽃이라고

행복한 눈물 울컥 삼킨다

제3부 마지막 인사

하얀 요정
마지막 인사
산
빛바랜 앨범
이웃 선희네 집
은파호수공원
자유공원
지하철(2)
옥녀의 봄소식
우산
초여름 호수 정원
내 맘속

하얀 요정

나르고
나르다

찌르르 퐁퐁
찌르르 퐁퐁퐁

하얀 이슬방울 튕기다
하얀 이슬방울 튕긴다

아침 산책 호숫길
아침 산책 호숫가 숲길

백조의 호수 음률 먼 길 떠나자
발레 소녀 발길 깊은 수면 속으로

마지막 인사

경부선 고속도로 달리다
옆길 금산 벚꽃 터널
사월의 바람은
겨울바람을 싣고 왔는지
눈송이들 끝이 보이지 않고

용담댐 표지판에
십사 년 세월 더듬이질
식목일에 전원주택 지어 드리고
그날이면 뵈오러 오던 길
자손들 편안함 위해 아파트 분양을

엄마 먼저 입주시켜 드리고
며칠 후 아버지도 합가
꽃 정원 양지꽃, 제비꽃 봉오리뫼
그리움 몰려오는 가슴앓이

여기도 저기도
젖 봉오리 앞에
이름표 달고 나란히
끝을 모르던 벚꽃 터널은
빛바랜 추억으로
마지막 인사드리는 아버지 기일
눈시울에 눈물방울 용담댐에…

산

커피 물 끓이다
마주친 눈맞춤은
실핏줄 같던 나뭇가지
생명의 소리에 귀 기울이고

하나둘 모여든 잎새
화폭이 되어
산새 산꽃들 기쁨의 날갯짓에
354계단 산책로 발맞춤 소리

산줄기 타고 내려온 장맛비
창문에 그린 산수화
작은 풀잎 소나무 우산 되어
큰 수풀 이루어 풀벌레 소리

땡볕에 여문 열매
다람쥐 곡식 거두는 발길 바쁘고
오색길에 출렁이는 단풍 구경
감탄에 젖는 소리

산바람 차가운 체온에
나뭇잎 흔들흔들 춤추다
대지에 옷 입혀 주고
눈맞춤은 먼 산을 바라본다

빛바랜 앨범

안개비로 버무려진 잔영은
빛바랜 거울 속 오월의 축제 환영들이
시월의 추수 감사
가장행렬로 그려지고

꿈의 성 꽃봉오리 터트리며
차곡차곡 쌓인 수학여행
동백꽃에 물들어 행복한 웃음들
넘어가는 손끝에 흔들리는 눈물

그곳에 보이지 않는 얼굴은
수학여행 떠난 남은 자리에
우두커니 빈자의 모습 배 띄우고
기쁨을 안고 온 부푼 가슴들 보며

서러움을 감춘 채 잠수함 속으로
수학여행을 가지 못하고
빈 교실에 앨범을 넘기다
친구들의 수학여행 사진은
또다시 그날의 기억에…

이웃 선희네 집

짚으로 엮은 울타리 위의 작은 손
바스락바스락 연주 소리 귀 기울이다
기린 목 쭈욱 내밀어 선희네 마당 훔친다

팔방놀이 그림 위에
폴짝폴짝
인절미 같은 돌 하나 던져 놓고
외다리로 건너다 그림선 밟아
아쉬운 마음 감춘다

칸나, 달리아, 글라디오라스
농익은 터질 듯한 처녀의 마음
포근하고 따사로운 언니의 모습
첫사랑을 찾아가는 꿈길 같다

측백나무 사이로 넘실거리는 제실 지붕
귀한 손님 오신다
'까악까악'
연못 오리 놀란 가슴 잔물결 흔든다

은파호수공원

물줄기 타고 질주하는 바람
평행선을 그리던 발걸음 옷깃 세워 하나 되고
꼭 잡은 호주머니 손 파르르 떨림에도
첫사랑의 수줍은 홍당무

호숫길 느티나무에 매달린 나뭇잎
혹여나 떨어질까 근심 어린 눈길
눈망울은 옹알이하듯 굴리다
끝없는 호수 위에 두둥실

촉촉이 비에 젖은 호수는
말간 구슬 연잎 위에 올려놓고
갈대숲 흔들림은
머릿결에 간지럼 타는 연인들

지는 노을 품에 안은 호수
홍시 되어 순결을 수놓고
구름 속 서쪽 나라 마중 나가는 계수나무

새벽을 부르는 물안개 소리에
호수는 기지개 켜고
속살이 보일 듯 말 듯 발그레 붉힌 얼굴
펄럭거리는 치마폭에 담다

자유공원

춘삼월 하얀 비
춘사월 분홍 비
소복소복 바람의 끌어당김에
은근히 손 내밀다
초록이 곁으로 살포시 내려앉는다

발끝에 머무는 몸짓은 수줍은 소녀
꽃무늬 옷으로 물들게 하고
가던 길 멈춘 자리 발장난에
하얀 비 분홍 비 물장구친다

비둘기 먹이 좌판 흔적도 없이
푸드득 날다 바쁜 고갯짓
'먹이를 주지 마세요' 표지판 글씨에
애달픈 노랫소리
맥아더 장군 귓전에서 메아리친다

돌계단 너머 북항을 바라보다
황금 의자 주인공 여왕은
기울어진 노을에
부푼 가슴 공갈 빵 속으로
쉼터 찾아 여행길

지하철(2)

18시 48분
동인천 급행 전역 출발

다다닥 다다닥
퇴근길 발소리
줄지어 나란히 핸드폰에 정지

하루 종일 지친 몸
빈자리 당첨

2024.3.14 퇴근길 노량진역에서

옥녀의 봄소식

어쩜 이리도 곱디곱게
색동이들 자라게 해준 손길 축복이어라

수많은 예쁜 형용사들이 뽐낼 수 없어
꽃잎 속의 숨바꼭질
주님을 향한 찬양의 소리 나래 타고
하늘 구름 위에 퍼지고

아름다운 생명의 봄을 키우고
담을 수 있는 마음 주심에 감사하는
선교 무용 아침 동산이어라.

*詩作노트/ 아침이면 선교무용 단체방에 올려지는 말씀과 소식들 중 전옥녀 권사님이 키우시는 베란다 정원에 온통 꽃들로 장식된 모습을 사진으로 담아주셔서 답글로 보낸 시임.

우산

와르르 와르르
툇마루에 동산을 이룬
파란 옷 누런 황토 빛깔

밤새 촉을 세우며
하얀 밤 지샌 지친 몸
두 어깨 무겁기는 바윗돌
꿈을 안고 장마를 기다리며

"우산 사세요"
"우산사세요"

중년 아버지의 목소리가
골목길 이웃집에서
가물가물

흐린 하늘에서 비가 내리면
툇마루에 우산 동산은 평지가 되고
아버지의 한숨 돌리는 소리

내일은 아이들 기성회비를 들려
학교에 보낼 수 있겠다는
희망의 소리

詩作노트/ 지난해 12월, 13년 전에 돌아가신 아버지 생각이 났다. 힘든 삶이셨지만 밤새 24시간 근무하시고 휴일인 다음 날에는 무언가 또 다른 일을 하시어 불우한 이웃·친척들 향해 도움에 손길을 멈추지 않으셨던 평신도 크리스천이셨다. 늘 실천하는 믿음 생활, 더 깊이 알고 싶은 욕망에 75세부터 신학 공부하셨던 아버지를 소환해 쓴 시임.

초여름 호수 정원

팔랑팔랑 꽃바람에 실려
초여름을 마중 나간다

연보라 메꽃이 수줍은 듯 인사하고
꽃잎 진 모란은
묵직한 씨앗 주머니 자랑하며
키 큰 해바라기 함박웃음 터트리는
사이좋은 친구 되어 들어와 있다

자전거 타고 휘파람 부는 아이와
손 흔들어 주는 아빠의 사랑도 있고
지나온 추억 들어 올리며
벤치에 앉아 있는 노부부의 사랑도
물속에서 정겹다

햇살이 묘한 웃음 흘리자
풀잎 속 숨었던 나비
노오란 섬말나리 꽃잎에서 춤을 춘다

내 맘속

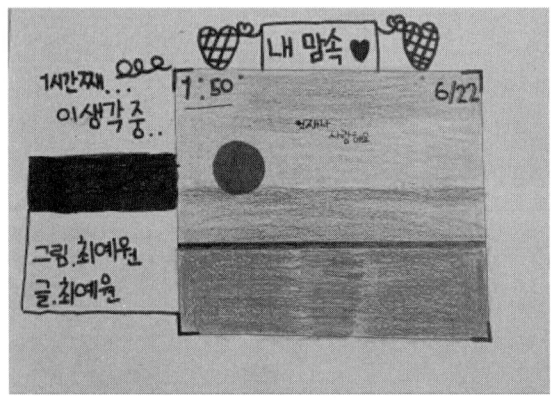

6월22일 1시간째~~~1:50
이 생각 중

액자 틀
화폭이 드리워지고
무지개 색연필 줄지어 색칠하다
새빨간 색연필 태양을
보랏빛으로 선 그은 아래
물속에 그림자 주황빛으로

무지개 화폭 한 가운데
        언제나
            사랑해요
하늘에 동동 띄우고

'내 맘속'
글을 남긴 손녀의 액자 속 그림

詩作노트/ 2024.6.23. 스케치북 겉 페이지에 그려놓은 손녀의 그림이다. 물어보았다. 오후 1시 50분부터 1시간째 맘속으로 모든 가족들 하나하나 언제나 사랑한다고 그림으로 표현해 보았다는 손녀의 말에 할머니 마음이 찡하며 눈물 고인나.

제4부 남편의 약속

내비게이션
명과 집
양지꽃
멸치국수
가시나물
벚꽃이 진 자리
가시버시
할미꽃 소풍
이별
남편의 약속
낯선 곳에서
출근길

내비게이션

콧노래 부르며 씽씽
발그레한 얼굴 보여주고

앞장 서가는 마음
돌아서 가란다

혼자 가는 길에
연인 되어 다정한 목소리

나만의 애인이었으면…

명과 집

여섯 시

저만치 키스미가 춤추고
반갑게 맞아 주는 등나무에
가쁜 숨 내려놓고 눈 맞춘다

느림보 고개 쑥 내밀고
저 너머 뽐내는 몸짓에
뛰는 입맛을 담아 본다

베사메 무초 소녀
반세기 지난 명과 집 시계 바늘은
여섯 시를 기다린다

1975년쯤을 추억으로

양지꽃

도롱마을 지나 오르던 발길은
돌 틈 사이 빼꼼히 내민 얼굴에
반가운 인사를 한다

기지개 켜는 노랑이의 간지러움에
화들짝 놀란 작은 손 별똥 입술 위에
손가락 모아 올려 본다

파르르 떨던 아기 솜털은
보송보송 미풍에 자장가 부르다
가느다란 실핏줄 쭉 쭉 뻗은 손 마디마디에
별똥 친구들 무리 지어
솔솔 라라 합창 한다.

양지바른 곳에 사랑스러움을 뽐내는 양지꽃

멸치국수

옛날 양은 냄비에 추억을 담는다

시장통 할머니 국수
멸치 무 썰어 국수물 만들고
국수 넣어 푸르르 한소끔 끓인후
찬물에 휘 휘저어 건져낸 국수
대나무 채반에 돌돌 말아 올려놓는다

노란색 하얀 지단채에
가지런한 김 가루
깨소금 듬뿍 넣은 양념간장 옷 입은
할머니 구수한 손맛
옛날 노란 냄비에 멸치국수

가시나물

무슨 한이 맺혔을까
온몸에 가시로 장식한 생명이여

어찌 흰 가시로 옷을 지어 입었을까
서릿발이 성난 것처럼
머리의 왕관
목줄기
팔다리
몸통 발끝까지

얼마나 애환이 많았을까
풀어 헤칠 수 없도록 얼기설기 엮어진
그물들이 온몸을 감싸고 있구나

이제는 활짝 웃어보게나
보랏빛 왕관을 찬란하게 비추는
태양의 계절이라네

벚꽃이 진 자리

하얀 꽃가루 되어
잔디에 몸을 감춘 채
꽃잎의 마지막 생명줄은
붉은 가루가 핏줄기 길을 만들어
그 길은 엄마의 말라버린 젖줄기

하얀 벚꽃이 진 후
온통 붉어진 길을 보니
질곡의 길을 걸으신 엄마가 그립다
엄마
우리 엄마

가시버시

가시버시는
너나들이처럼
편안한 사이

시나브로 정이 들고
살아 있는 동안
애잔한 사랑

바람꽃이 일어도
다소니
'가장 사랑하는 님'

할미꽃 소풍

소풍 길에 나선 여섯 할미꽃
지공 자리 만족스런 웃음 짓고
기다란 품 안으로 달려오는 풍경은
물방울 원피스 하얀 구두 백일홍 아가씨
시샘하는 눈총에 고개 숙이려다
불끈 가슴 내밀어 본다

빨 주 노 초 물감통에 푹 빠진 할미꽃
꽃분홍 화폭에 사랑의 눈길 담아
떨리는 손길 쓰담쓰담
짝사랑 이야기꽃 피우며
붓질 하는 발걸음은 꽃길을 걷는다

분홍의 물결 속을 거닐다
삐그덕 마찰 소리 마음은 청춘인데
흘러내린 안경 고쳐 쓰고
어서 오라는 듯 손짓하는 빈 의자에
할미꽃은 햇빛에 몸을 담근다

봄을 훔치고
봄을 맞으며
봄을 마시고
봄을 담아
봄을 입히는

여섯 할미꽃의 맛 있는 소풍

이별

용주야!
봉은아!
보고 싶다

돌아 돌아 여기까지 왔을까
유월의 땡볕을 시원하게 적셔주는 소식 가물가물
사춘기 시절에 만났다 헤어진 반세기가 훌쩍 넘은 친구

미국이라는 낯선 곳에서
친구 찾기 위해 빛바랜 추억을
실낱같은 기억으로 그 빛 따라
수면으로 떠오른 서로의 이름을 부르고
글자를 통해 건너뛴 세월을
쉴 틈 없이 굴렁쇠 바퀴는
흥분하다 절제하기도

목사님의 셋째 딸
속눈썹이 유난히 길고
발그레 잘 웃던 소녀의 뒤편에는
이방인으로 있었다는 얘기
그 곁에 진분홍으로 유일하게 생각나는 친구란다

미안했다
먼저 적극적으로 찾으려 나서질 못해서
시차로 밤과 낮이 거꾸로 가는 순환에도
추수감사절 칠면조
이웃집 어설픈 한국어 아침 인사
주말에 보내는 그곳의 문화생활
낯설지 않은 정이 담긴 이야기로 들려진다

글자 목소리로 만난 손
이제 놓지 말고 꼭 잡고
다시 이별은 안 된다고

남편의 약속

서른여덟 결혼기념일
부슬부슬 비가 내리는 저녁
아내와 막내딸은 보이지 않고
컴컴한 방에 큰딸만 무서움에 울고 있었다

덜컥 내려앉은 마음 빙빙
머릿속은 혼란스럽다
전화벨이 울린다
응급실이라는 불길한 소식
9살 딸 꼭 잡은 손 긴장의 땀이 흐르고
피로 물들여진 아내 얼굴은 타인의 모습
7살 딸아이 두 다리는 흰 붕대로 칭칭

무릎 꿇었다
목숨만 살려 주시면 그동안 잘못한 죗값을 치르며
주님 앞에 바로 서는 자로서 사랑하겠노라고…

남편의 간절한 약속의 기도에
하나님은 감동했는지
딸아이와 아내는 건강한 모습으로 회복되었고

하나님과 약속하던 나이의 배가 지난 지금
남편의 약속은 아직도 진행 중이다

낯선 곳에서

우르르르 우르르
계단으로 오르던 발길 두리번두리번
꽁꽁 묶여버린 낯선 동상이 되고

찰칵 찰카닥
무서운 짐승에 잡힌 하체는
가느다란 신음 소리 내며
엘리베이터, 에스컬레이트에
머리 회전을 빠르게 돌리며 길을 찾는다

스피커 안내 소리에 번쩍 귀가 열리고
아하! 흐음
땅속으로 숨어드는 긴 숨소리는
풀어진 문어 다리로
흐느적흐느적

쓰르르르 쓰르르 콰아아아 콰아아
기다란 괴물이 무어라 아우성치며 북쪽에서 내려와
남쪽을 향해 떠날 때까지
알 수 없는 언어들을 쏟아낸다

긴 괴물의 몸속으로 들어가
편안하던 풍경이
낯선 이방인처럼
스물스물 다가와 어지럽다

깊은 미로에서 풀려나
익숙한 풍경화에 마음은 안식하고
평화로운 눈길로 잿빛 하늘에
무지개를 그린다

출근길

오늘도 정지된 모습
어제나 다름없는 청사진
사각형 집안에 무엇이 있어
늘 같아야 할까

멍때리는 여학생
잠에서 덜 깬 대학생
두 어깨가 무거운 직장인
삶의 깊은 굴곡진 노년의 신사
젖내 나는 돌쟁이

이팝나무꽃이 피었다.
초록빛이 보인다
생명의 소리가 들린다
따사로운 햇살이 비춘다

정지된 곳에 한 바구니씩
안겨주고 싶다
세상은 다시 화해하고
새로운 꿈의 날개를 펼친다

제5부 가족 풍경화

한 맺힌 밥풀 하나
매화
비 내리는 날 수채화
오월의 아침
들꽃 마실
빨간 풍선
오월은
친구
가족 풍경화
선물로 받은 6월
사월이 오면
포도밭을 걸어 보자

한 맺힌 밥풀 하나

혹여 젯밥이 설익었을까?
깨물어 보다
무서운 호통
"경을 칠 년"

제삿날이 새기도 전
이 세상 인연 끊고

하얀 쌀밥 소복하게 쌓이고
봉실봉실 복스럽게
반지르르 윤이 나는
송이송이 숭얼숭얼 피어나다

새하얗게 꿈처럼 피어나
바람에 쌀 꽃비를 흩날리는
가로수 길은
서럽게 아름답다

매화

눈보라에 시달려도
어머니와 같은 사랑
눈 속에서도
봄소식 맨 처음 전하려 몸부림친다

차가운 바람에도
온화한 날씨인양
그윽하고 은은한 향기 날리고

창가 달빛에 비친
고상한 자태로 품어 드는 벗님은
지조와 절개의
상징이어라

비 내리는 날 수채화

비가 잔뜩 묻어 있는
바람이 부는 아침
뿌연 안개 속으로
질주하는 소음 사이
소말공원 수레국화 인사한다

두루미 구름 치마폭 펼치고
가루비 날려
가로수길 쌀밥은
아가씨 간지럼 태우며 파르르
식혜 물 위에 동동

가루비에 젖은 산딸기나무
수레국화 올려
두루미 구름 치마폭에
수채화 그림 그린다

오월의 아침

하늘에는 파랑새가
멋지게 춤을 추고
땅에는 5월의 장미가
너울너울 봄바람을 실어 환영하는 아침

초록이와 빨간 꽃송이
화관으로 장식하고
사랑 담아 고백하며
행복 미소 뿜어내느라 바쁜 몸짓

입맞춤 해 보세요
향기에 마음껏 취해보세요

긴 날갯짓 고개 내밀어
악수하잖다
분홍이 된 얼굴빛에 설렘이 가득하다

살며시 감은 눈
초록 치마 빨간 저고리 갈아입고
봄의 정원은
연인 되어 사랑을 속삭인다

들꽃 마실

초록 화폭 나래를 펴고
무수리 꽃댕기 하늬바람에
주름잎꽃 메꽃 봄망태
소곤소곤 꽃 도시락 만들어
들 동네 친구 마실길 떠난다

마중 나온 조개구름 미소에
종다리 비상하며 빵파레 울리고
조팝나무 비단길은
달콤한 햇살 실어 소나타 연주 은은하다

빨간 풍선

목장집 정원에 색채화 무리들
샛바람에 실려
꽃마차 꽃자전거 타고서 날개짓하다
햇살에 흠뻑 젖은 몸
담장에 걸터앉아
손 놓친 빨간 풍선
하늘 구름 따라 동동
내 마음도 두둥실

오월은

싱그러운 오월은
맑은 물이 흐르듯 지나간다

오월은
담장 사이 붉은 덩굴장미들이
무리 지어 훨훨 날아다니고
종달새는 앵두 가지 위에서
노래 부른다

오월은
화장기 없는 갓 스무 살쯤에
청순한 얼굴
사랑이 푸른 하늘에
수채화 그림 수 놓고
모란은 향기로 세상을 향해
폭죽 소리를 낸다

햇병아리 같은
낮 달맞이가 빼꼼히 얼굴 내밀어
애교부리는 아침
오월은 간다

친구

기전의 동산에서 만난
얼굴빛이 고운 친구가 있었지
붓꽃이 봉오리 졌다
막 피어나던 모습이 연상되는 친구

화려하지도
그늘지지도 않은 조용한 성품
그 자리에서 부드러운 빛을 내는 친구

반세기가 훌쩍 넘은 세월에도
당당히 옛 모습 그대로 눈앞에 다가왔을 때
고마움과 기쁨이 솟아나 보일락 말락
들키지 않을 만큼의 눈물이…

고맙다 친구야
친구라 부르며
좋은 너의 모습 끄집어낼 수 있어서

남은 세월도
곱고 잔잔한 향기로
여행할 수 있기를
작은 소망 바라본다.

가족 풍경화

꽃무늬 밀짚모자
들꽃과 하나 되어 훨훨 호숫가 거닐고
봄의 교향곡에
귀 기울이는 초이의 모습 평화롭다

말없이 바라보는 엄마와 딸
사랑의 눈빛 호수에 흠뻑 젖어 들고

성숙한 계절을 향해
걸어가는 숲길
지나온 세월 훔쳐보는
님의 모습 정겹다

온유한 날갯짓이 닿는 곳에
고요한 마음 흘려보내고
양귀비 안개꽃 수국
한 아름 안아 본다

선물로 받은 6월

6월이 있음에 감사하다
더위도 불쾌지수도 높아지겠지만
감성 많은 그 시절의 친구 하나 데려다준 6월
너무도 고마워서…

더욱이 가까이 살고 있어
불어오는 바람에 친구가 실려와
콧등을 간지럼 태우는 듯
입가에 잔잔한 미소가
실룩실룩 춤을 추거든

6월에는
고운 친구에게 축복의 달이 되기를
초여름 신록에게 편지 띄운다

사월이 오면

마음 한구석이 바쁜 걸음이다

해마다 사월이 오면 가는 곳
개나리가 기다리고
벚꽃이 기다리는
용담댐 바라보는 곳

하늘 칠판에서 장맛비가 내리면
두 날개를 펴고 꿈을 나르던
중년의 모습은
아스라이 추억의 강물에서
파란 옷 황토색이 흐릿하게
배 띄우다 사라지고

곱살스러운 봄바람이 불어오는
꽃비가 쏟아지는 날
버선 갈아 신고 여행 떠나셨다

커다란 바가지 봉우리 뫼
집 문패에는
집주인의 자손들이
꿈틀대는 숭고한 뜻 기리고

겨우내 찬바람 이겨낸
제비꽃 양지꽃 사월이 오면
아버지 뫼 정원에서
작은 얼굴 내밀어
환한 웃음 짓는다

포도밭을 걸어 보자

손녀가 손을 잡는다
상큼한 아침 포도밭을 걸어 보자고

자그마한 손을 펴서
잎사귀에 얹어 본다
언제쯤 같아지려나
한참 내려다 보는 눈망울

포도가지들이 쭈욱 쭉 기지개 켜고
손녀를 가려줄 그늘막을 만들어
아직은 덜 익은 연둣빛 열매들이
호기심 부른다

농부들의 손길로
다듬어지고 가꾸어진 나무들
팔월의 태양 아래서 튼실하고 멋진
보석들이 주렁주렁

손녀의 입술에는
진보랏빛으로
물들어 가고 있다

제6부 봄의 아침

봄의 아침
유월이 저물 때쯤이면
입양_사랑이다
뻥튀기
진회색 빛
봇물과 반창고
목요일 오후
눈 오는 날 아침
소풍 같이 갈래

봄의 아침

봄갈이 나가는 사립문 소리에
코끝을 간질이던 목련 아씨
양팔 벌려 기지개 켜고
늦잠 자다 허둥지둥 햇살이 마중 나간다

딱새의 분주한 아침 팡파르에
잔칫상 마당 가득 차려 놓은 개나리
수줍음 타는 살구꽃 가족
손짓하여 부른다

유월이 저물 때쯤이면

샛노란 각시원추리
기린 목 내밀어 수줍은 미소 보내고

개망초 흐드러지게
들판을 하얗게 붓칠하며 손짓하여 부릅니다

연둣빛이 진초록으로 옷 갈아 입느라
바쁜 몸단장 하고

바다는 갈매기 시 읊는 소리에
몽돌과 시원한 합주로 신이 납니다

'푸드득 푸드득'

하늘 향해 치솟는
보릿대 태우는 곳에
저녁노을이 빨갛게 물들여지는

가물가물 들판에서 불어오던 구수한
고향 냄새가 그립습니다

입양_사랑이다

배 아프지 않고 얻은 자식 팔 남매
처음엔 아니오
지금은 눈물의 열매

말썽꾸러기 아들
하나님이 두 손을 주신 건
손가락을 쥐었다 폈다 여러 번 해도
좋은 일에 쓰라고 주신 거라고

700그램 미숙아
생명을 불어넣는 간절한 기도와 헌신 속에
목청껏 찬양하는 목소리 가득 채우고

춘하추동 세월
수만 가지 아픔 참고 참아내야 하는
아스라한 맛에 길들이고

한 아이를 보듬을 때
아이스크림처럼 사르르 녹는 달콤하고
시원한 사랑을 맛볼 수 있었음을…

그것은 주님의 사랑이다.

詩作노트/ 목회자 사모가 된 여고 친구를 만나러 교회로 갔다. 위탁받은 아이들, 노숙자, 한눈에 어려운 목회의 길을 가고 있음을 알 수 있었다. 점심을 같이한 후 친구의 그동안 첫 입양아가 26살, 29살이 되었다는 얘기를 듣고 집으로 돌아오는 무거운 발걸음이었다.

뻥튀기

널따란 보자기 마당
봉긋봉긋 메리골드
벚꽃잎 옥수수 뻥튀기
무얼 먹을까 망설이다
장난꾸러기 손놀림에
잔 발걸음 달아나고

머리에 비닐우산
튀밥 빗소리에
'까르르 까르르'
흥겨운 웃음소리
집안 가득 채우고

한 움큼 한입 물고
벌판 향해 한껏 날리다
튀밥 마당 빙글빙글
오감놀이에 푹
행복 100%

진회색 빛

종일 새벽부터 진회색 빛이었다
장마철이다

깊은 잠에서 깨어나 암막 커튼을
혼란 속에서 허우적거리다
멈칫
꿈인가

희미하게
창에 그려지는 파편
번쩍 주르르

손끝 혈관을 밀어내며 스멀스멀
탱자나무조차 이길 수 없었던
기억 속 장맛비

화폭에 진회색 빛으로 덧칠하다
숨겨진 그림을 찾아본다

알 수 없는 바벨탑 언어
빗길에서 들려오는 소리 빛깔
쓰담쓰담

진회색 빛 사이로
한줄기
무지개다리 놓아 보자

봇물과 반창고

보글보글 거품 문 하마 입
맑던 얼굴이 온통 황톳빛
터졌다 봇물이
쫙아아 쫙아아

고된 삶 참다 보니
꽉 찬 고름 주머니
의사 손길에 시원하게
반창고 하나

목요일 오후

근무 마치고
점심 김밥 한 줄

나른한 몸 지하철에 싣고
여의도 이룸센터에
시를 사랑하는 사람들과 함께
달짝지근한 첫사랑 같은 강의 시간

커다란 짐으로 안고온
과제물은 지친 마음
생태탕으로 허기진 배 채우고

밀린 카톡방 열어
답장 보내느라
톡 톡 톡

눈 오는 날 아침

앞마당 잔디에
민들레 꽃씨처럼
춤을 추다
입맞춤한다

솔잎 머리, 숯 검댕이 눈썹
털장갑 낀 눈사람이
환한 웃음 날리고

귀여운 손바닥
하늘 높이 쳐들고
반기는 예닐곱 살배기

창밖을 내다보다
예수 탄생하셨다
기쁜 소식 전하는
빨간 포인세티아

소풍 같이 갈래

60년 만에 찾은 고향
16살 친구 우정이 시가 되는 영화

"같이 갈래?"

곱게 싼 김밥

하늘 바람
하늘 꽃
하늘 바다
…

감사의 글

독일의 시인 괴테는 이렇게 말했습니다.

"꿈을 품고 뭔가 할 수 있다면 그것을 시작하라! 새로운 일을 시작하는 용기 속에 당신의 천재성과 능력과 기적이 모두 숨어 있다."

시를 쓰고 싶다는 마음은 어릴 적부터 있었지만, 시집을 내려는 꿈은 꿀 수가 없었습니다.

그러나, 저에게 큰 불씨를 일으켜 주신 분에게 먼저 감사드립니다. 동남아시아 문화 교류에서 시낭송으로 맺어진 박정란 시인님께서 시인대학을 적극적으로 추천하며 습작으로 시 한 편을 써 볼 수 있는 기회를 주셔서 처음 '시'라는 걸 써보게 되었습니다. 그 후 시인대학 10기에 설레는 마음으로 입학하게 되어 박종규 시인·목사님의 시 쓰기 기법은 제 마음에 폭죽을 터뜨려 주었습니다.

시간마다 강조했던 말씀 중
'시인이 되기 전에 사람이 되어라.'
'가슴으로도 쓰고, 손끝으로도 써라.'
'내 경험을 살린 나만의 시를 써라.'
'그냥, 끄적끄적, 조곤조곤, 자연스럽게 쓰라.'는
말씀을 마음에 담고
자존감 없는 저에게 힘을 실어 주시어
첫 시집으로 내놓게 되었습니다.

다시 한번 박정란 시인님과 박종규 교수님께
감사드리며 응원과 격려를 아끼지 않은
가족들에게도 고마움을 전합니다.

2024년 7월 21일

시인 김 명 숙

초판 인쇄	2024년 07월 23일
초판 발행	2024년 07월 25일
지 은 이	김 명 숙
발 행 처	다담출판기획 TEL : 02)701-0680
	서울시 영등포구 영신로30길 14, 2층
편 집 인	박 종 규
등 록 일	2021년 9월 17일
등록번호	제2021-000156호
I S B N	979-11-93838-18-1 03800
가 격	13,000원

본 책은 지은이의 지적재산이므로 무단전재와 복제를 금합니다.